JUPITER,

VAINQUEUR

DES TITANS;

TRAGEDIE

DONNÉE A VERSAILLES,

Le 11 Decembre 1745.

I0080705

DE L'IMPRIMERIE
DE JEAN-BAPTISTE-CHRISTOPHE BALLARD,
Doyen des Imprimeurs du Roi, seul pour la Musique.

M. DCC XLV.

Par exprès Commandement de Sa Majesté.

887

Les Paroles sont de Bonneval.

La Musique est du Sieur DE BLAMONT,
*Sur-Intendant & Maître de la Musique de la Chambre;
Et du Sieur* DE BURI, *son Neveu, Maître de la
Musique de la Chambre.*

Le Ballet est de la Composition du Sieur LAVAL,
Compositeur des Ballets de SA MAJESTE'.

ACTEURS CHANTANS
DU PROLOGUE.

APOLLON,	Le S^r De la Tour.
DAPHNIS, Berger,	Le Sr Poirier.
UN BERGER,	Le S^x Richer.
PREMIERE BERGERE,	La D^{lle} Fel.
SECONDE BERGERE,	La D^{lle} Canavas.

TROUPE DE BERGERS ET DE BERGERES.

La Scene est dans un Bocage sur les bords de la Seine.

ACTEURS DANSANS.
BERGERS ET BERGERES.

Le Sr Malter-3. , La D^{lle} Le Breton ;
Les S^{rs} F-Dumoulin , P-Dumoulin , Matignon,
Hamoche , Dumay, Dupré , Gherardi , Feuillade ;
Les D^{lles} Beaufort , Courcelle , Lyonnois-L., Erny,
Thiery, Puvignée , Grognet, Lyonnois-C.

*On n'a pas crû devoir suprimer quelques Morceaux de cette Piéce, qui ne seront point chantés; on les a seulement distingués par une double virgule, qu'on appelle *Guillemets* , faits ainsi („) et que l'on voit au commencement des lignes de ces Morceaux.

ACTEURS CHANTANS
DE LA TRAGEDIE.

LE TEMPS.

SATURNE,	Le S^r De Chaſſé.
CIBELLE,	La D^{lle} Romainville.
JUPITER,	Le Sr Jelyotte.
JUNON,	La D^{lle} Le Maure.
TITAN,	Le S^r Le Page.
UN SUIVANT DE TITAN,	Le Sr Perſon.

SUIVANS DE TITAN.

PLUTON,	Le Sr Albert.
NEPTUNE,	Le Sr Cuvillier.

TROUPE DE CORIBANTES.

LE GRAND-PRETRE DU DESTIN,
Le S^r Le Page.

DEUX MINISTRES DU DESTIN,
Les S^{rs} De la Tour, & Cuvillier.

MINISTRES DU DESTIN.

ACTEURS CHANTANS.

LE SOMEIL.

MORPHÉE,   Le Sr Poirier.

UN SONGE AGREABLE,   La Dlle Fel.

SONGES DE LA SUITE DU SOMEIL.

LA TERRE,   La Dlle De Lalande.

GEANS.

UNE BERGERE,   La Dlle Bourbonnois,

UN BERGER,   Le Sr Poirier.

TROUPES DE BERGERS ET DE BERGERES.

L'AMOUR,   La Dlle Coupé.

UN PLAISIR,   Le Sr Poirier.

TROUPE DE DIVINITÉS.

ACTEURS DANSANS
DE LA TRAGEDIE.
PREMIER ACTE.
TITANS.

Le Sr Pitro ;

Les Srs Monservin , Dumay , Gherardy , Dupré , De Vice , Javillier-C. , Malter-C. , Matignon.

SECOND ACTE.
CORIBANTES.

La D^{lle} Lyonnois-L. ;

Les D^{lles} Courcelle , St Germain ;

Les Srs Caillez , Feuillade , Malter-C. , Dangeville , Hamoche , F-Dumoulin ;

Les D^{lles} Carville , Rosalie , Rabon , Erny , Beaufort , Thiery.

TROISIE'ME ACTE.
MINISTRES DU DESTIN.

Les Srs Monservin , Javillier-L. Javillier-C. ;

Les Srs Gherardy , De Vice , Dumay , Dupré , Matignon , Levoir , P-Dumoulin , Feuillade.

QUATRIE'ME ACTE.

L'AMOUR,   Le Sr Laval.
L'ESPERANCE,   La Dlle Puvignée.

SONGES AGREABLES.

Le Sr D-Dumoulin , La Dlle Sallé.
Les Srs Monservin , Javillier-C. , Dumay , Duprés
Les Dlles Rabon , Rosalie , Thiery , Beaufort.

BERGERS ET BERGERES.

La Dlle Camargo ;
Les Srs Malter-L. , Malter-3. , Hamoche , Levoirs
Les Dlles St Germain , Courcelle , Puvignée , Lyonnois-C.

CINQUIE'ME ACTE.

LES GRACES.

Les Dlles Lyonnois-L. , Courcelle , St Germain.

JEUX ET PLAISIRS.

Les Srs De Vice , Malter-C. ;
Les Dlles Rosalie , Petit.

AMOURS. | NYMPHES.
Les Srs Bourgeois , Moizet. | Les Dlles Gaubet , Gautier.

DIVINITE'S.

Le Sr Dupré ;
Le Sr Monservin ,   La Dlle Carville ;
Les Srs Gherardy , Javillier-C. , Caillez , Feuillade ;
Les Dlles Rabon , Erny , Thiery , Beaufort.

ACTEURS ET ACTRICES,

Chantans dans tous les Chœurs.

DU CÔTÉ DU ROY;		DU CÔTÉ DE LA REINE;	
Les Demoiselles	*Les Sieurs*	*Les Demoiselles*	*Les Sieurs*
Dun,	Lefebvre,	Cartou,	Dun,
Tulou,	Marcelet,	Monville,	Person,
Delorge,	Albert,	Lagrandville,	De Setre,
Varquin,	Le Page-C.,	Masson,	Gratin,
Dallemand-C.,	Laubertie,	Rollet,	St. Martin,
Larcher,	Le Breton,	Desgranges,	Le Mesle,
Delastre,	Lamarre,	Gondré,	Chabou,
Riviere.	Fel,	Verneuil,	Levasseur.
	Bourque,		Belot,
	Houbeau,		Louatron,
	Bornet,		Forestier,
	Cuvillier,		Therasse,
	Gallard,		Dugay,
	Duchênet,		Le Begue,
	Orban,		Cordelet,
	Rochette.		Rhone.

MUSETTES, HAUT-BOIS, BASSONS,

Les Srs Chefdeville, Abram. Despreaux, Monot. Brunel, Rault.

PROLOGUE.

PROLOGUE.

Le theâtre repréſente un bocage ſur les bords de la Seine, les arbres ſont ornés de guirlandes de fleurs.

SCENE PREMIERE.

TROUPE DE BERGERS ET DE BERGERES.

CHOEUR.

A H! Qu'il eſt doux de ſuivre
Les amoureuſes loix !
Ah! Qu'il eſt doux de vivre,
Pour aimer dans nos bois !

UN BERGER.

Il n'eſt point pour l'Amour de retraite plus belle.

UNE BERGERE.

Tout flatte les Amans dans cet azile heureux.

UN BERGER.

L'indifférent y devient amoureux !

UNE BERGERE.

L'inconſtant y devient fidéle.

A

PROLOGUE.

ENSEMBLE.

Dans ce riant féjour,
On ne respire que l'amour.

CHOEUR.

Ah ! Qu'il eft doux de fuivre
Les amoureufes loix !
Ah ! Qu'il eft doux de vivre,
Pour aimer dans nos bois !

UNE BERGERE,
Alternativement avec le Chœur.

Chantons, danfons fous cet ombrage,
Tout rit à nos defirs ;
Profitons du printems de l'âge,
Ne formons que d'heureux foupirs :
Il n'eft rien qui nous dédomage
De la douceur de nos beaux jours ;
Qu'ils enchaînent dans ce boccage,
Les jeux, les plaifirs, les amours.

PROLOGUE.

UN BERGER.

Un desir pressant, aussi tendre
Que le soin amoureux des plus belles ardeurs ;
Dans ce séjour nous engage à nous rendre :
Daphnis a vû le plus grand des Vainqueurs ,
Du recit de sa gloire , il va charmer nos cœurs ;
Quel plaisir pour nous de l'entendre !

UNE BERGERE.

Daphnis paroît , il se rend à nos vœux ;
Pour l'écouter , interrompons nos jeux.

SCENE II.

DAPHNIS,

Et les Acteurs de la Scene précédente.

UNE BERGERE, à DAPHNIS.

CEdés à notre impatience.

UN BERGER.

Parlez-nous du Heros qui nous donne des loix.

UNE BERGERE.

Retracés-nous ses grands exploits ,
Ses vertus , sa magnificence.

PROLOGUE.

DAPHNIS.

Des rives de la Seine à fa Cour tranfporté,
Que j'ai vû de grandeur ! D'éclat ! De majefté :

UNE BERGERE.

Vous avés vû ce Roy, l'honneur du Diadême ?

DAPHNIS.

J'ai vû Mars & l'Amour, j'ai vû Jupiter même :
Sa Cour a tout l'éclat qui brille dans les cieux.

S'il doit fon trône à fa naiffance,
Sa valeur le rend glorieux :
Il fait adorer fa puiffance,
C'eft ainfi que regnent les Dieux.

Il préféroit la Paix aux fureurs de la Guerre,
Ses Ennemis ont voulu la troubler :
Mais le bruit feul de fon tonnerre
Les a tous, fait trembler.

CHOEUR DE BERGERES.

,, *L'Envie envain confpire :*
,, *Un peuple de guerriers fuit fes drapeaux vainqueurs :*
,, *Tout eft à redouter du Maître d'un Empire,*
,, *Qui l'eft encor de tous les cœurs.*

CHOEUR DE BERGERS.

Dieux ! Ne bornés jamais ses belles destinées :
Du plus cheri des Rois ne soyés point jaloux,
Ah ! Si nos vœux pouvoient prolonger ses années,
Notre amour le rendroit immortel comme vous.

DAPHNIS.

Chantez-tous ce Heros sur vos tendres Musettes,
Célébrez le Maître des cœurs :
Laissez à ses Guerriers, à ces fameux Vainqueurs,
Les Timballes & les Trompettes :
Chantez-tous ce Heros sur vos tendres Musettes,
Célébrez le Maître des cœurs.

LE CHOEUR.

Chantons-tous ce Heros sur nos tendres Musettes,
Célébrons le Maître des cœurs :
Laissons à ses Guerriers, à ces fameux Vainqueurs,
Les Timballes & les Trompettes :
Chantons-tous ce Heros sur nos tendres Musettes,
Célébrons le Maître des cœurs.

On danse.

PROLOGUE.

UNE BERGERE.

Sur les Autels de la Cour immortelle ;
Un pur encens s'offre au Maître des Cieux :
Le tendre zele
D'un cœur fidéle ;
Pour un Heros, est aussi glorieux ;
Que les parfums précieux
Qu'on brûle pour les Dieux.

On danse.

UNE BERGERE.

Chantons cent fois , et répetons encore :
Notre Heros est digne qu'on l'adore !

CHOEUR.

Chantons cent fois , et répetons encore :
Notre Heros est digne qu'on l'adore !

LA BERGERE.

Au sage Roi qui tient ici sa Cour ,
On ne rend point de respects sans amour.

CHOEUR.

Chantons cent fois , et répetons encore :
Notre Heros est digne qu'on l'adore !

LA BERGERE.

Il doit sa gloire aux Dieux qui l'ont formé ,
Il ne doit qu'à lui seul le bonheur d'être aimé.

CHOEUR.

Chantons cent fois , et répetons encore :
Notre Heros est digne qu'on l'adore !

DAPHNIS.

Mais, quel éclat ! Quels sons mélodieux ?
C'est Apollon qui paroît à nos yeux.

SCENE III.

APOLLON,
Et les Acteurs de la Scene précédente.

APOLLON, dans son Char.

Pour des chants plus pompeux, la trompette guerriere
Me fait descendre ici bas :
Un nouveau Dieu des combats,
S'ouvre une immortelle carriere.

Rien ne se peut comparer aujourd'hui,
Aux vertus d'un Heros, dont l'ardeur vive & pure,
Dans le fond de son cœur surmontant la nature,
Guide son Fils, combat, et triomphe avec lui.

Je vais sur une auguste Scene,
Chanter les plus fameux exploits :
On y reconnoîtra sans peine,
Dans le plus grand des Dieux, le plus parfait des Rois.

FIN DU PROLOGUE.

JUPITER.

JUPITER,
VAINQUEUR DES TITANS;
TRAGEDIE.

❖❖❖❖❖❖❖❖❖❖❖❖❖❖❖❖❖❖❖❖❖❖❖❖❖❖❖❖❖❖❖❖❖❖❖❖

ACTE PREMIER.

Le théâtre repréſente le Palais DE SATURNE.

SCENE PREMIERE.

JUNON.

SATURNE ! *O mon Pere !*
Que le jour qui me luit eſt fatal à mes
                                    yeux !
La guerre eſt favorable à Titan votre
                                    frere,
Son bras eſt triomphant, il vous ravit les cieux.

B

JUPITER,

O ! Saturne ! O mon Pere !

Que le jour qui me luit est fatal à mes yeux !

Viens, Jupiter, viens calmer. mes allarmes ;
Les Destins ont prédit que ton amour pour moi,
Sur le trône des Dieux, feroit briller tes armes,
Et que les fiers Titans subiroient notre loi :

Si mon cœur a pour toi des charmes,

Cher Amant, mérite ma foi ;

Rends le monde à Saturne, et Junon est à toi.

Helas ! Où peut être Cibelle ?

Sa présence rendroit ma peine moins cruelle.

SCENE II.
CIBELLE, JUNON.

ENSEMBLE.

AH! Ma fille,
Ah! Déeſſe, } *eſt-ce vous?*

CIBELLE.

Je vais dans peu d'inſtans
Tomber dans les fers des Titans ;
Votre pere, déja, ſuccombe ſous leurs chaînes :
Mais, ma fille, eſperons de voir finir nos peines ;
Jupiter en ce jour, s'interreſſe pour nous,
Lui ſeul peut nous vanger de leurs funeſtes coups.

JUNON.

N'aprendrons nous jamais quelle eſt ſon origine ?

CIBELLE.

N'en doutez point, elle eſt divine :
Les foudres qu'il porte en ſes mains
En ſont des ſignes trop certains.

B ij

JUPITER,
JUNON.

Notre amour s'est accru dans l'ombre & le silence,
Ce Heros trop charmant, doit l'annoncer aux cieux :
Qu'il est doux de tenir la suprême puissance
Des mains d'un amant glorieux !

ENSEMBLE.

Lance tes traits, arme toi de la foudre ;
Vange nos funestes revers :
Que ta puissance éclatte dans les airs,
Réduis nos ennemis en poudre.

CIBELLE.

Helas ! Ce Jupiter, si terrible ! Si grand !
Qui vaincra l'univers, si son bras l'entreprend,
Soumis aux loix d'un Pere inexorable,
De ses ans fortunés verra finir le cours,
Si le sort favorable
Ne cache sa naissance à l'auteur de ses jours.

JUNON.

Il faut que ce secret demeure, impénétrable ?
Mais comment nous flatter qu'il le sera toujours ?

CIBELLE.

Pour ses freres & lui , j'osai tout entreprendre :
Elevés dans mon Temple à l'ombre des autels,
Ils doivent tous trois nous deffendre.

Pour remplir du Destin les decrets éternels ,
Jupiter va donner un maître aux immortels.

ENSEMBLE.

Lance tes traits , arme toi de la foudre,
Vange nos funestes revers :
Que ta puissance éclatte dans les airs ,
Réduis nos ennemis en poudre.

CIBELLE.

On vient !

JUNON.

O Ciel ! Quelles horreurs !

CIBELLE.

Evitez des Titans les barbares fureurs ;
Descendez chez mes Coribantes ,
Instruisez votre amant , de nos communs malheurs ,
Allumez d'un regard , ses foudres menaçantes.

JUNON sort.

SCENE III.

CIBELLE, UN DES TITANS.

LE TITAN.

CIBELLE, *il faut porter des fers;*
  Vous trahissés Titan, vous êtes criminelle.
Venez subir l'arrêt d'une peine éternelle,
Venez, il faut me suivre & descendre aux enfers.

CIBELLE.

Du faîte des grandeurs, Ciel! Où suis-je entraînée!
Destin, tu vois l'oprobre où je suis condamnée?
Je te laisse mes fils pour vanger l'univers.

LE TITAN.

Venez, il faut me suivre & descendre aux enfers.

Ils enchaînent CIBELLE, et l'entraînent aux enfers.

SCENE IV.

TITAN, ET SA SUITE.

CHŒUR DES TITANS.

*V*OU*S* avés triomphé d'une implacable rage,
    Saturne est tombé sous vos traits :
Poursuivons ses enfans, qu'un funeste esclavage
    Les tienne sous vos loix, enchaînés à jamais.

TITAN.

Le Ciel devient aujourd'hui mon partage.
    Ma valeur & votre courage
Remettent dans mes mains un Sceptre glorieux ;
Enfin, je vais regner & commander aux Dieux.

Pour obéir aux loix d'une orgueilleuse mere,
J'avois cedé le trône à Satune mon frere ;
    Mais ce sacrifice cruel
    Ne devoit point être éternel.

    Par un serment terrible, inviolable,
Pour regner sur les Cieux ce frere impitoyable,
    Promit que ses fils malheureux
Périroient en naissant, sous ses coups rigoureux :

„ Cet accord fanguinaire
„ Fit reculer d'horreur l'Aftre qui nous éclaire ;
„ Cependant, il devoit nous ramener un jour
„ A l'Empire brillant du Célefte féjour.

Saturne a trompé mon attente ;
Le parjure en fecret a fauvé fes enfans :
Sans notre victoire éclatante,
Nous perdions pour jamais le fceptre des Titans.

CHOEUR DES TITANS.

Vous avés triomphé d'une implacable rage,
Saturne eft tombé fous vos traits :
Pourfuivons fes enfans, qu'un funefte efclavage
Les tienne fous vos loix, enchaînés à jamais.

TITAN.

Sufpendez les tranfports qu'excite votre zéle ;
Honorez ce grand jour d'une fête immortelle :
Des charmes de la Gloire offrez tous les attraits ;
C'eft pour les vrais Heros que fes plaifirs font faits.
CHOEUR

CHŒUR DES TITANS ET DES DIVINITÉS.

Que le Ciel à jamais célébre la mémoire

De nos exploits victorieux :

Terre, imités les Cieux ;

Aplaudissez à notre gloire.

On danse.

UN TITAN,
Alternativement avec le Chœur.

Jour cent fois mémorable !

Sois à jamais durable :

Que nos accords divers,

Nos bruyans concerts

Frappent les airs :

Gloire toujours brillante ,

Ton éclat nous enchante :

Regne dans ces beaux lieux,

Préside à nos jeux ,

Recois nos vœux.

On danse.

C

JUPITER.

DEUXIEMEME COUPLET.

Les dangers , les allarmes ,
Sont la gloire des armes :
Loin d'un honteux repos ,
Les conſtans travaux
Font les Heros :

Le cris de la victoire ,
Eſt le chant de la gloire :
Que ce bruit enchanteur ,
Pour l'heureux vainqueur ,
A de douceur !

TITAN.

Ceſſez vos jeux ; recommençons la guerre.
Cherchons nos ennemis , juſqu'au bout de la terre.

FIN DU PREMIER ACTE.

ACTE SECOND.

Le Théatre repréfente les Jardins fecrets du Temple de Cibelle en l'Ifle de Crête, dans lefquels les Coribantes avoient élevé Jupiter, Neptune & Pluton. Ils les gardoient dans cet azile, afin que Saturne & les Titans ne puffent les découvrir.

SCENE PREMIÉRE.

JUPITER.

RANSPORTS impétueux de la
plus vive flamme,
En faveur de Junon, éclatés en ce jour :
Les malheurs de fon pere ont pénétré
mon ame,
Il faut en le vengeant, annoncer mon amour.

J'ai languis trop longtems dans ce charmant azile,
J'y paffe une vie inutile,
Dérobons-nous à fes appas ;
L'innocence a befoin du fecours de mon bras.

C ij

JUPITER,

Mais quelle ardeur m'emporte ? Et quelle audace
extrême !

O ! Jupiter ! Te connois-tu toi-même?
Je m'ignore , il est vrai , mais j'entends le Destin ,
Son pouvoir n'a point mis la foudre dans ma main ,
Pour la laisser oisive au milieu de la guerre :
Les Dieux l'ont déclarée , il faut quitter la terre.
O Destin ! Ouvre-moi les Cieux ,
Je brûle d'attaquer les Dieux.

Transports impétueux de la plus vive flamme ,
En faveur de Junon , éclatez en ce jour :
Les malheurs de son pere ont pénétré mon ame ,
Il faut en le vangeant, annoncer mon amour :

C'est Junon qui paroît , elle répand des larmes ;
Tirans des Cieux , tremblez, vous causés ses allarmes.

SCENE II.

JUPITER, JUNON.

JUNON.

Vous connoiſſés nos maux, et quel eſt mon amour,
Jupiter, c'eſt vous ſeul que j'implore en ce jour.

JUPITER.

Ceſſez vos pleurs, laiſſez éclater ma colére,
Les Titans vont tomber dans les gouffres cruels,
Où le Ciel fait gémir ſes enfans criminels,
Vous reverrés Saturne & votre mere.

JUNON.

Hélas !

JUPITER.

Vous ſoupirés, Déeſſe, doutez-vous
Des effets glorieux de mon juſte courroux ?

JUNON.

Notre eſperance eſt dans vos armes,
Tout doit céder à leur effort :
Mais, hélas ! Je redoute un ſi puiſſant tranſport.

JUPITER.

Ah ! Plûtôt, de mon ſort reſſentez tous les charmes.

JUPITER.

L'Amour m'a soumis votre cœur ;
Un triomphe si beau va me combler de gloire :
Il ne manquoit à mon bonheur,
Que de vous obtenir des mains de la Victoire.

JUNON.

Je vous aime, je crains !.....Si le Destin, hélas !
Avoit assujetti Jupiter au trépas,
Quel seroit mon malheur ! Junon est immortelle.

JUPITER.

Le Ciel doit aprouver une flamme si belle,
Témoin de l'effort de mes coups,
Je veux qu'à ma grandeur lui-même il porte envie :
Envain le sort jaloux,
Au pouvoir de la Parque auroit livré ma vie :
Je deviens immortel en combattant pour vous.

JUNON.

Saturne, c'est pour toi, que le Héros que j'aime,
Va s'exposer à des périls affreux :
Sans toi, sans ton sort rigoureux,
Notre bonheur seroit extrême.

Loin des vaines grandeurs, en des lieux pleins d'apas,
Il est doux de fixer les pas

De la fortune vagabonde :
Contents de notre amour, dans une paix profonde,
Nous laisserions aux Dieux,
Le soin ambitieux
De gouverner le monde.

JUPITER.

Vous quitteriés pour moi le céleste séjour ?
Ah ! Je n'ai plus de vœux à faire :
Le bonheur de vous plaire,
Rend mon courage égal à mon amour.
„ Laissez agir le transport qui me guide.

JUNON.

„ Plus votre amour m'est précieux,
„ Plus mon bonheur me rend timide.

JUPITER.

„ Ne craignés rien pour moi de la Parque homicide,
„ L'Amour & le Destin couronneront nos feux.

ENSEMBLE.

Amour, doux tiran de nos ames.
Lance de nouveaux traits dans nos cœurs enflammés :
S'il faut qu'un sort cruel traverse un jour nos flammes,
Ah, laisse-nous du moins le plaisir d'être aimés !

JUPITER.

Mais, Neptune & Pluton à mes yeux se présentent :
Tout me dit qu'en ce jour, je dois être vainqueur.

SCENE III.

JUPITER, JUNON, NEPTUNE, PLUTON.

NEPTUNE, PLUTON.

IL n'est point de périls que nos armes ne tentent.
Jupiter, nous venons féconder ta valeur.

LES TROIS DIEUX ENSEMBLE.

Courons à la victoire,
Partageons entre-nous les dangers & la gloire :
Nous combattons pour l'Univers,
Dans une heureuse intelligence
Soumettons à notre puissance,
Le Ciel, la Terre, et les Enfers.

JUPITER.

Quel spectacle répond à mon impatience ?
Le Destin se déclare : un char descend des airs.

LES TROIS DIEUX.

Courons à la victoire.
Partageons entre nous les dangers & la gloire.

JUNON.

JUNON.

Pendant qu'ils montent dans les cieux.

Que cet instant me fait fremir d'effroi !
Je te suis dans les airs, je tremble, je frissonne !
Tu disparois, que mon cœur craint pour toi !
Ton projet m'épouvante ! Et ta valeur m'étonne !
Tous les Dieux sont armés, le péril t'environne.
Ciel ! Protege un Heros qui s'expose pour moi,
Conduis son bras, soumets tout à sa loi.

SCENE IV.

JUNON, LES CORIBANTES.

JUNON.

Ministres de Cibelle, illustres Coribantes,
Venez, venez, accourez tous :
Chantez de Jupiter les armes foudroyantes,
Chantez les traits vainqueurs qu'il va lancer pour
nous.

CHOEUR.

Chantons de Jupiter les armes foudroyantes,
Chantons les traits vainqueurs qu'il va lancer pour
nous.

On danse. D

JUPITER.

On entend le tonnerre, et le fond du théâtre est enflamé d'éclairs.

JUNON.

J'entends déja le tonnerre qui gronde ,
Son bruit , ses éclats furieux
Portent l'horreur jusqu'au centre du monde.

CHOEUR.

Le bruit redouble pendant le CHOEUR qui suit.

Triomphe Jupiter , sois le maître des Dieux ,
La foudre est dans tes mains , l'éclair est dans tes yeux.
Le bruit affreux de ton tonnerre
Ebranle & les cieux & la terre ,
Triomphe Jupiter , sois le maître des Dieux.

Le bruit cesse tout à coup.

JUNON.

Mais, d'où naît ce profond silence ?....
Que ce silence affreux épouvante mon cœur !

JUNON, ET LE CHOEUR.

O Ciel ! Quelle est notre esperance !
Jupiter , n'es-tu pas vainqueur ?

JUNON.

Sois sensible à nos vœux, calme un cœur qui t'adore,
Ah ! Pour le rassurer fais briller tes éclairs,
Et qu'un coup de ta foudre en traversant les airs,
M'annonce que dumoins tu respires encore.

On entend des chants de triomphe dans les airs,
le Ciel s'ouvre.

CHOEUR DE DIVINITE'S.

De Jupiter célébrons les exploits,
L'Olimpe & l'Univers sont soumis à ses loix.

JUNON.

Ah ! Mon amant remporte la victoire,
Le Ciel retentit de sa gloire.

CHOEUR.

De Jupiter célébrons les exploits,
L'Olimpe & l'Univers sont soumis à ses loix.

S C E N E V.

JUPITER, JUNON, TROUPE DE DIVINITE'S.

J U P I T E R, defcendant du Ciel.

Dieux, qui fuivés & Sarturne & Cybelle,
  Allez, defcendez aux enfers :
Ramenés votre Maître à la Cour immortelle,
Partez ; à leurs Tirans allez donner des fers.

à JUNON.

  ,, Je triomphe belle Déeffe,
,, J'ai chaffé les Titans du célefte fejour,
,, Saturne y va regner, que votre crainte ceffe ;
,, A ce trait éclatant connoiffez mon amour.

J U N O N.

Votre flamme fidelle & tendre,
Rend l'Univers à nos fouhaits !
Mon cœur peut-il jamais prétendre
D'acquitter de fi grands bienfaits ?

J U P I T E R.

,, Lui feul fait tout l'éclat dont brille ma victoire,
,, C'eft mon unique efpoir, c'eft mon fuprême bien :
,, Au comble du bonheur je méconnois la gloire,
,, Sans vous, fans notre amour, l'Univers ne m'eft rien.

SCENE VI.
SATURNE, CIBELLE,
Et les Acteurs de la Scene précédente.

SATURNE ET CIBELLE, à JUPITER.

Quelle reconnoissance
Peut égaler vos bienfaits précieux ?
Montez sur le Trône des Dieux,
Partagez avec nous la suprême puissance.

JUPITER.

Non, je n'ai point soumis ce glorieux séjour,
Pour le soustraire à votre Empire :
Regnez sur tout ce qui ce qui respire,
Ne récompensez que l'Amour.

Ce digne objet de l'ardeur la plus tendre,
Touche bien plus mon cœur que la Terre & les Cieux :
L'aimer, plaire à ses yeux,
Est le seul prix que j'ose attendre
De mes exploits victorieux.

SATURNE.

D'un tel himen je cherirois les nœuds :
Mais enfin, ne peut-on aprendre
Quel Immortel vous a donné le jour ?

JUPITER,

JUPITER.

Je ne connois que ce séjour,
Le reste est un secret que je ne puis comprendre.

SATURNE.

Pour en être éclaircis consultons le Destin :
A l'himen de Junon un Dieu seul peut prétendre.

JUPITER.

Le Destin est pour moi, mon bonheur est certain.

SATURNE.

Dans son Temple sacré, Saturne va se rendre.

FIN DU SECOND ACTE.

ACTE TROISIÉME.

Le théâtre repréfente le Temple du Deftin.

SCENE PREMIERE.
SATURNE.

QUEL fecours imprévû ? Quel in-
domptable bras
Me rend la liberté, ma gloire, mes états?
Quel eft donc ce vangeur, dont le pou-
voir terrible
Vient de foudroyer à nos yeux
Les coupables enfans des Dieux ?
Ah ! S'il étoit poffible,
A tes vertus, à tes coups triomphans
Je te croirois mon fils, mais toujours inflexible,
Pour remplir un ferment horrible,
J'ai fait périr tous mes enfans.
Vous des decrets du fort, fages Dépofitaires,
Venez commencez vos mifteres.

SCENE II.

SATURNE,
LE GRAND-PRETRE DU DESTIN,
entouré de ses ministres.

SATURNE.

Mon ordre vous assemble en ce lieu redouté :
Sachez du sort, quel sang, illustrant mon empire,
A pû donner au cieux Jupiter indompté,
Et s'il peut aspirer à l'hymen qu'il desire.

LE GRAND-PRETRE.

Destin, tu régis tous les temps,
Les siecles devant toi sont moins que des instans.

Tout finit, tout commence,
Selon que tu l'as prononcé:
Toi seul ne finis point : Tu n'as point commencé.

CHOEUR.

Destin, tu régis tous les temps,
Les siecles devant toi sont moins que des instans.

LE

LE GRAND-PRETRE.

Ta voix soumet les Dieux à ton obéissance,
La nature est tremblante à tes ordres divers :
Le cahos, l'univers,
Sa chûte, sa naissance,
Sont les sublimes jeux de ta vaste puissance.

CHOEUR.

Destin, tu régis tous les temps,
Les siecles devant toi sont moins que des instans.

LE GRAND-PRETRE.

Dans un Livre éternel, que le mistere couvre,
Tes décrets sont gravés sur des tables d'airain :
L'effort des plus grands dieux voudroit l'ouvrir en vain,
C'est le temps seul qui l'ouvre.

TROIS MINISTRES, ET LE CHOEUR.

Tes secrets
Sont impénétrables,
Et tes Arrêts
Irrévocables.

LE GRAND-PRETRE, ET LE CHOEUR.

„ O ! Divine sévérité !
„ O ! favorable obscurité.

E

JUPITER

LE GRAND-PRETRE.

„ *Sans cette sage prévoyance,*
„ *Qui du sombre avenir voile la connoissance,*
„ *Les Dieux trop certains de leur sort,*
„ *Perdroient tous les plaisirs que donne l'esperance,*
„ *Et les Humains dans l'abondance,*
„ *Au milieu des plaisirs, redouteroient la mort.*

CHOEUR.

„ *Tes secrets*
„ *Sont impénétrables,*
„ *Et tes Arrêts*
„ *Irrévocables.*

On danse.

LE GRAND-PRETRE.

Oracle révéré des Dieux,
Toi qu'en ce Temple on adore,
C'est Saturne qui t'implore,
Destin, favorise ses vœux.

On entend un bruit souterrain.

Le Ciel frémit ! La terre tremble,
La Mer est immobile, et les vents arrêtés
N'entendent plus la voix du Dieu qui les assemble.
Le Ciel frémit ! La terre tremble,
Le Destin va répondre, écoutés, écoutés.

TRAGEDIE.

Le fonds du Théatre s'ouvre, on voit LE TEMPS apuyé sur le globe de l'Univers tenant sa Faux d'une main, et le Livre du Destin de l'autre, le Mistere est à côté de lui.

LE TEMPS élevé sur l'Autel, ouvre le Livre.

L'ORACLE DU DESTIN.

Jupiter est du Sang des Dieux,
Et l'Epoux de Junon doit regner dans les Cieux.

Le Livre & la Porte se referment avec bruit & les Ministres se retirent.

SCENE III.

SATURNE.

Qu'entends-je ! Jupiter, tu deviendrois mon maître !
Eh quoi ! Je retrouve un rival ?
O Destin trop fatal !
D'un funeste avenir que m'as-tu fait connaître ?
Jupiter s'avance en ces lieux,
Ma peine ne sauroit se cacher à ses yeux.

SCENE IV.
SATURNE, JUPITER.
JUPITER.

ENfin, au defir de ma flamme,
Le Deftin a-t'il répondu ?

SATURNE.

Ah ! Ne voyez vous point au trouble de mon ame,
Que votre efpoir eft confondu ?

JUPITER.

Qu'eft-ce donc qu'en ce Temple on vous a fait entendre?

SATURNE.

Que l'Epoux de Junon, ufurpant mes Autels,
Doit commander aux Immortels.

JUPITER.

Contre vos ennemis je viens de vous défendre,
Eh ! Vous craignés de moi des deffeins criminels ?

SATURNE.

Je crains ce que le fort m'annonce.

JUPITER.

Raffurez-vous, et croyés que mon cœur,
Ne vous ravira point la fuprême grandeur :
Aux promeffes du fort, pour jamais il renonce.

SATURNE.

Quelque soit de l'Amour l'enchantement vainqueur,
Il ne peut détourner le coup que je dois craindre :
Le temps éteindra votre ardeur,
L'ambition ne peut s'éteindre.

JUPITER.

Si mon amour ambitieux
Avoit voulu jouir des fruits de la victoire,
Maître des Dieux !
Vous seriez dans les fers, je serois dans les Cieux.
J'ai préféré l'amour à l'éclat de la gloire,
Quand Jupiter le dit, Saturne doit le croire.

SATURNE.

Non, ma grandeur s'oppose à ce lien,
Je ne veux point de Maître, et vous seriez le mien :

JUPITER.

J'ai peine à retenir le transport qui m'anime.

De vos fiers ennemis l'Empire est abatu ;
Craignez à leur exemple un couroux légitime,
Espérez-vous conserver par le crime,
Ce qui n'est dû qu'à la vertu ?
J'ai puni les Titans, J'ai vangé votre injure,
Ah ! Je saurai sur vous me vanger d'un parjure.

JUPITER,
ENSEMBLE.

„ JUPITER. { Tremblez, } je céde à mon courroux,
„ SATURNE. { Fuyez, }

„ Mon { amour outragé ne peut } plus se contraindre :
{ pouvoir offensé ne peut }

„ { Vous craignez } les Destins jaloux :
„ { Quand je crains }

„ { Et c'est Jupiter qu'il faut } craindre.
„ { C'est à Jupiter à me }

JUPITER sort.

SCENE V.
SATURNE, CIBELLE.
CIBELLE.

Jupiter sort de ces lieux,
Quel trouble agite son ame?

SATURNE.

Le sort a condamné sa flamme,
Son himen le rendroit le souverain des Dieux.
Que la Terre aujourd'hui contre un audacieux
Seconde nos efforts terribles ;
Qu'elle enfante à nos yeux
Des Géants furieux,
Et des monstres horribles
Qui vangent la terre & les cieux.

SCENE VI.

CIBELLE.

O Ciel, que de fureurs ! Quelle aveugle colere !
    Quelles mains vont s'armer !
    Et sur ce terrible mistere
    Je suis contrainte de me taire.
Une guerre effroyable est prête à s'allumer.
  ,, Epouse ou Mere infortunée,
  ,, Je vois avec terreur l'affreuse destinée
    ,, Qui les menace en ce moment :
    ,, Epouse ou Mere infortunée
    ,, Je crains également
 ,, Saturne ambitieux & Jupiter amant.
Dans ce cruel instant, O Ciel ! Que dois-je faire ?
    Lorsque le malheur nous poursuit,
    Le retarder, peut être salutaire :
    L'heureux instant qui le differe,
    Est souvent ce qui le détruit.
Allons du dieu Morphée implorer l'assistance;
De ce Heros dumoins suspendons la vangeance.

FIN DU TROISIEME ACTE.

ACT. IV,

ACTE QUATRIÉME.

Le Théatre repréfente le Palais du Sommeil,
JUPITER y paroît endormi au milieu des Songes.

SCENE PREMIERE.

LE SOMMEIL, MORPHE'E, LES SONGES.

MORPHE'E.

ONGES qui me fuivés , par des
jeux agréables ,
Enchantés Jupiter dans ce charmant
féjour :
Offrez-vous à fes yeux fous des formes aimables,
Que ce Héros perde en ce jour
Le defir de vanger un malheureux amour.

E

JUPITER,
CHOEUR DES SONGES.

Par des jeux agréables,

Enchantons Jupiter dans ce charmant séjour :

Offrons-nous à ses yeux sous des formes aimables,

Que ce Héros perde en ce jour

Le desir de vanger un malheureux amour.

MORPHÉE.

Regnez dans ces riants bocages,

Regnez, Plaisirs mistérieux :

Que vos attraits délicieux,

Par la diversité de leurs douces images,

Attendrissent les cœurs, séduisent tous les yeux.

Regnez dans ces riants bocages,

Regnez, Plaisirs mistérieux :

On danse.

UN SONGE sous la forme d'un Amant, cherche à attendrir l'Objet qu'il aime. L'Espérance vient le consoler de ses rigueurs, et lui amene l'Amour, qui tire un trait de son carquois & en blesse l'Indifférente. Les deux Amans, se réunissent, et meslent leurs danses à celles de l'Espérance & de l'Amour.

UN SONGE AVEC LE CHOEUR.

Doux menſonges!
Doux ſonges!
Emparez-vous de ces beaux lieux,
Offrez-nous l'image des Cieux :
Heureux charme!
Déſarme
Le plus à plaindre des Amans,
Vole, enchante ſes tourmens.

CHOEUR.

Doux menſonges , &c.

UN SONGE.

Sur ſes maux,
Verſons des Pavots ;
Notre paix profonde
Fait le bien du monde.
Deſir,
Image du Plaiſir,
Dans un cœur enchanté
Conduis la volupté!
Qu'il préfére au réveil
Un doux ſommeil.

Vole, Plaiſir flatteur,
Regne enfant ſéduĉteur :
Fais, des nuits des amours,
De beaux jours.

J U P I T E R.

C H O E U R.

Doux menfonges!
Doux fonges!
Emparez vous de ces beaux lieux;
Offrez-nous l'image des Cieux:
Heureux charme!
Défarme
Le plus à plaindre des Amans;
Vole, enchante fes tourmens.

U N   S O N G E.

Tous les vœux
Ne font point heureux;
Les ardeurs,
Les tendres langueurs;
Coûtent mille pleurs:
Mais fous notre Empire,
Le bonheur refpire.
Goûtez.
Sous des traits empruntés
Des plaifirs que l'Amour
Détruit avec le jour:
Le plus grand bonheur
N'eft qu'une erreur.

CHŒUR.

Doux mensonges !
Doux songes !
Emparez-vous de ces beaux lieux,
Offrez-nous l'image des Cieux :
Heureux charme !
Désarme
Le plus à plaindre des Amans,
Vole, enchante ses tourmens.

MORPHÉE.

Un charme trop puissant surmonte notre effort,
Jupiter se réveille, il faut céder au fort.

JUPITER.

Où suis-je ! Et quel pouvoir suprême
Trahit ici ma gloire, et m'arrache à moi-même ?
Ce jour attend de moi des exploits glorieux :
Disparoissez, Lieux pleins de charmes,
Il est tems de voler aux Cieux,
Je consacre à Junon mon amour & mes armes.

JUPITER monte aux Cieux au milieu de la foudre & des éclairs.

Le Théatre représente les Champs Phlégréens en Thessalie, dont les Forests paroissent encore enflammées.

LA TERRE environnée de ses Peuples, est tristement couchée sur un Trône de Rocher.

SCENE II.

LA TERRE, PEUPLES, ET BERGERS
Effrayés du bruit & des feux du Tonnerre.

CHOEUR.

*QUels ravages affreux
Ont détruit notre espérance !
Les plaines, les vallons promettoient à nos vœux
Les tréfors de l'abondance.*

*Quels ravages affreux
Ont détruit notre espérance !*

DEUX HABITANS.

,, *De malheureux mortels font tombés fous vos coups,*
,, *D'un trépas inconnu leur fureur est fuivie,*
,, *O Ciel ! Inventez-vous*
,, *Quelque nouveau moyen de nous ôter la vie ?*

CHOEUR.

,, *Nous voyons assés-tôt le ténébreux féjour,*
,, *Chaque instant d'un mortel, un autre prend la place,*
,, *Grands Dieux ! Laissez au tems qui passe,*
,, *Le funeste plaisir de nous ravir le jour.*

SCENE III.
LA TERRE, SATURNE.

SATURNE.

DE'ESSE, il faut s'armer contre un audacieux,
Qui répand l'épouvante & l'horreur en tous lieux.

LA TERRE.

Il a déjà porté la fureur qui l'inspire
Jusqu'au centre de mon empire :
Il a brisé mes tours, renversé mes palais,
Il ravage mes champs, consume mes forêts.

SATURNE.

Jupiter sur ses pas enchaîne la victoire :
Il cause vos douleurs, il me ravit ma gloire !
Hâtons-nous d'arrêter ses funestes transports ;
Pour braver le tonnerre, unissons nos efforts.

ENSEMBLE.

Ne souffrons point qu'on nous opprime,
Bravons d'un Dieu l'implacable rigueur :
Hâtons-nous de punir le crime,
Faisons voler le trouble & la terreur.

JUPITER,

LA TERRE.

Fiers Enfans de la Terre ,
Un cruel ennemi nous déclare la guerre ;
Accourez, vangez-nous d'un superbe vainqueur,
Venez, empressez-vous , imitez sa fureur.

SATURNE.

,, *Offrez à la lumiere*
,, *Des monstres odieux ,*
,, *Dont la tête altiere*
,, *Porte l'effroi dans les cieux :*
,, *Plus prompts , plus cruels que la foudre ;*
,, *Qu'ils réduisent en poudre*
,, *Le bras audacieux*
,, *Qui s'est armé contre les Dieux.*

On voit sortir en foule de la terre , des Géans prodi-
gieux, et des monstres demi-hommes & demi-serpens.

SC. IV.

SCENE IV.

SATURNE, LA TERRE, LES GEANS.

LA TERRE.

COmbattez le tonnerre,
Soumettez à la Terre
Le ciel & les enfers.
Rendez la paix à l'univers.

CHOEUR DES GEANS.

Que tout céde à notre courage,
Qu'on éprouve la rage
Qui nous enflamme tous :
De la Terre que l'on outrage,
Secondons le juste couroux.

Dans ces vastes campagnes,
Victimes d'un audacieux,
Arrachons les rochers, entassons les montagnes ;
Que nos efforts épouvantent les Dieux :
Monumens redoutables,
Servez nos fureurs implacables,
Aidez-nous à monter aux cieux.

G

JUPITER,

LA TERRE.

Empreffez-vous de nous deffendre.
Que l'Olimpe céde à vos coups :
Forcez Jupiter d'en defcendre,
Géants, fecourez-nous.

CHOEUR DES GEANS.

,, *Que tout céde à notre courage,*
... ,, *Qu'on éprouve la rage,*
,, *Qui nous enflamme tous,*
,, *De la Terre que l'on outrage,*
,, *Secondons le jufte couroux.*

,, *Dans ces vaftes campagnes,*
,, *Victimes d'un audacieux,*
,, *Arrachons les rochers, entaffons les montagnes ;*
,, *Que nos efforts épouvantent les Dieux :*
,, *Monumens redoutables,*
,, *Servez nos fureurs implacables,*
,, *Aidés-nous à monter aux cieux.*

Pendant ce Chœur, les Géans arrachent des rochers &
en forment des montagnes qui les élevent jufqu'au Ciel.

SCENE V.

Le Ciel s'ouvre, JUPITER paroît armé de la
foudre, au milieu de NEPTUNE ET DE PLUTON :
Les Acteurs de la Scene précédente.

JUPITER.

Temeraires, tremblez, connoiſſez votre maître ;
Vous entaſſez envain ces rochers & ces monts ;
Accablez ſous leur poids, vous allez diſparaitre :
Tombez, monſtres, tombez dans ces gouffres profonds
Où la terre vous a fait naître.

CHOEUR des Géans renverſés par le tonnerre.

Les montagnes tombent ſur nous,
Ciel ! Nous périſſons tous.
LA TERRE s'abîme.

SATURNE, ET CIBELLE, ENSEMBLE.

O ! Chûte épouventable ! O trop funeſte guerre !
Sauvons-nous au bout de la terre.

SCENE VI.

JUPITER,

Aux Peuples de la terre.

M Ortels, effrayés des horreurs
   D'une guerre injuste & cruelle,
Revenez dans ces lieux, Jupiter vous apelle,
Jouissez de la paix qu'il assure à vos cœurs.

Le théâtre change, et représente une belle campagne.

SCENE VII.

TROUPE DE BERGERS,
et d'Habitans de la terre.

UNE BERGERE,
Alternativement avec le Chœur.

Oublions dans les plaisirs
Nos peines, nos tristes soupirs ;
Que nos chants mélodieux
Célébrent le plus grand des Dieux :

Il rassemble tous les charmes
Des plus heureux vainqueurs :
Il triomphe par les armes,
Et regne dans les cœurs. On danse.

UN BERGER, avec le Chœur.
Plaisir, embellis les Cieux
Pour notre Maître :
Nos cœurs l'ont mis en ces lieux
Au rang des Dieux.

LE BERGER.
Ses regards te font renaître,
Vole, regne à jamais ;
Vole, regne, assure-nous la paix.

JUPITER,

CHŒUR.

Plaisir, embellis les Cieux
Pour notre Maître :
Nos cœurs l'ont mis en ces lieux
Au rang des Dieux.

UN BERGER.

Dans le sein de la victoire,
Son grand cœur
Soumet sa gloire
A notre bonheur :

Tout l'admire !
Tout doit dire :

Plaisir, embellis les Cieux
Pour notre Maître :
Nos cœurs l'ont mis en ces lieux
Au rang des Dieux.

On danse.

FIN DU QUATRIEME ACTE.

ACTE CINQUIÉME.

Le Théatre repréfente un Sallon intérieur
du Palais de JUNON.

SCENE PREMIERE.
JUNON.

C HER & cruel auteur de més vives
allarmes,

Q'efperes-tu de ta fureur ?

Le fatal effort de tes armes ,

A rempli l'Univers de trouble & de terreur !

Mon pere , de tes traits , victime infortunée ,

Sous leurs coups vient de fuccomber !

Et dans une même journée

Tu l'éleves aux Cieux & tu l'en fais tomber.

JUPITER,

J'ai crû que tu m'aimois, et ma timide flamme
Espéroit trouver dans ton ame
Les feux que mon amour fit paroître à tes yeux :
Mais tu n'es qu'un ambitieux !

Cher & cruel auteur de mes vives allarmes,
Qu'espéres-tu de ta fureur ?
Le fatal effort de tes armes,
A rempli l'Univers de trouble & de terreur !

Mais c'est lui qui s'avance,
Funeste Amour, sers ma vangeance.

SCENE II.
JUPITER, JUNON.
JUPITER.

Pour la seconde fois j'ai soumis l'Univers.
Ne me reprochés point une juste victoire,
Déesse, par vos pleurs n'alterés point ma gloire :
Le Vainqueur à vos pieds, vous demande des fers.

JUNON.

Qu'entends-je ! Est-ce Junon qui reçoit cet hommage ?

JUPITER.

Ah ! Ne condamnés point l'exès de mon ardeur,
Il falloit triompher, ou perdre votre cœur.

JUNON,

JUNON.

Ciel! Devois-je m'attendre à ce nouvel outrage?

Jupiter de ses feux ose encor me parler?

Cruel! Après le coup dont tu viens d'accabler

Saturne & sa triste famille,

Viens-tu dans son Palais insulter à sa fille?

Pour m'appaiser, tes soins sont superflus:

Va, fuis loin de mes yeux, je ne t'écoute plus.

JUPITER.

Eh quoi? Belle Déesse!

Verrez-vous sans pitié, la douleur qui me presse?

A Saturne en ce jour,

Mon bras a déclaré la guerre:

Mais c'est au feu de mon amour,

Que s'est allumé mon tonnerre.

JUNON.

L'Amour t'a pû forcer au plus grand des forfaits!

Quoi, ta fureur & ta rage inhumaine,

De ce Dieu si charmant, sont les fatals effets?

Ton amour nous ravit la grandeur souveraine!

C'est lui qui, trahissant les plus tendres ardeurs,

M'arrache mon amant & m'abandonne aux pleurs!

Ah, Cruel! Qu'eût donc fait ta haine?

H

JUPITER,

JUPITER.

Vous me fuyés, n'ai-je donc plus d'espoir?

JUNON.

Que me demandes-tu ? Non, je ne puis t'entendre,
Sans offenser ma gloire & trahir mon devoir.
Barbare ! Vainement tu voudrois te défendre,
Il faut nous séparer & ne nous voir jamais.
Je sens trop que mon cœur, après ce coup terrible,
    Ne doit plus espérer de paix :
    Hélas ! Que ne m'est-il possible
D'expirer à tes yeux des maux que tu m'as faits !

JUPITER.

Junon, écoutez-moi : Cette guerre funeste,
Qui ravit à Saturne un Trône glorieux,
N'est point de mes desirs l'essor ambitieux ;
Croyés-en mon amour, c'est lui que j'en atteste :
Ces foudres redoutés qui partent de ma main,
N'ont fait qu'exécuter les ordres du Destin.

JUNON.

    Ah ! Dans sa fatale puissance,
Ne cherche point d'excuse à ta funeste ardeur :
    S'il te restoit quelqu'innocence,
Tu la trouverois mieux dans le fond de mon cœur.

JUPITER.

Amour, ne permets pas que je fois la victime
Des feux que tu fûs m'infpirer,
Ils ont armé mon bras, c'eſt toi qui fis mon crime,
C'eſt à toi de le réparer.
Ils ont armé mon bras, c'eſt toi qui fis mon crime,
Vole Amour, vien le réparer.

On entend une ſimphonie mélodieuſe.
L'AMOUR paroît ſur un nuage.

Il m'entend ! Je le vois !

JUNON.

Quel trouble !

JUPITER.

Il va lui-même
Nous annoncer du fort la volonté fuprême.

JUNON, à part.

Puiſſe-t'il accorder par fon pouvoir vainqueur,
Les intérêts d'un pere & les vœux de mon cœur.

SCENE III.

JUPITER, JUNON, L'AMOUR
sur un nuage.

L'AMOUR.

REçois de Jupiter la main & la Couronne,
Saturne est apaisé, ses vœux sont satisfaits,
L'Empire de la terre a fixé ses souhaits :
Junon, regne en ces lieux, le Destin te l'ordonne,
L'Amour te le demande, et l'Olimpe est en paix.

JUPITER, à JUNON.

Déesse, vous voyés que le Ciel autorise
L'hommage que je rends à vos divins apas,
Qu'Amour encor me favorise,
Saturne est satisfait, Jupiter ne l'est pas.

JUNON.

Pour jouir du succès de votre heureuse flamme,
Ressentés le plaisir qui passe dans mon ame :
Le devoir au destin obéit en ce jour,
Mon cœur n'obéit qu'à l'Amour.

JUPITER, ET JUNON,
ENSEMBLE.

Le tendre Amour nous dédommage
De tous les maux qu'il nous a faits :
Goutons le charmant avantage
De nous trouver constans, et d'aimer à jamais.

JUPITER.

Du Maître du tonnerre,
Séjour délicieux ,
Avec tous vos apas, offrez-vous à nos yeux :
Jeux , enfans de la Paix , délices de la Terre ,
Devenez l'ornement des Cieux ;
Par vos accords harmonieux ,
Effacez pour jamais l'image de la guerre :

Et vous Divinités de la céleste Cour ,
Par vos chants immortels , célébrez ce grand jour.

SCENE IV.

Le Théatre change, et repréfente le Palais
de JUPITER.

JUPITER, JUNON, NEPTUNE, PLUTON,
Et les autres Divinités du Ciel.

JUPITER, à NEPTUNE & à PLUTON.

*P*our tenir l'Univers dans une paix profonde,
De concert avec moi, prenez le foin du monde.
Neptune, regnez fur les Mers :
Et vous Pluton, commandez aux Enfers :
Les Cieux deviennent mon partage,
Refpectez-y mes loix, et l'Objet qui m'engage.

JUPITER, PLUTON, ET NEPTUNE.

,, Du plus grand des évenemens,
,, Qu'à jamais l'Univers conferve la mémoire :
,, Qu'il foit toujours foumis à nos commandemens,
,, Du foin de fon bonheur nous ferons notre gloire.

On danfe.

CHOEUR DES DIVINITE'S.

Qu'aux travaux du vainqueur, mille plaifirs fuccédent:
Qu'il triomphe partout au gré de fes defirs :
La gloire, les plaifirs,
C'eft tout ce que les Dieux poffédent.

On danfe.

UN PLAISIR,

Alternativement avec le Chœur.

Tendre Amour, prens tes armes,
Vole en ce séjour,
Viens, triomphe à ton tour,
Hâte-toi, tes heureux traits
Ont dans la paix
Plus d'attraits ;
Pour ressentir tes charmes,
Tous les cœurs sont prêts :
Transports charmans !
Des amans,
Payez les tourmens :
Ah, quel plaisir ! Quel bien !
Non, rien
Ne vaut un si doux lien :
Si les Dieux
Dans les Cieux,
Sont heureux,
C'est par tes feux.
Tendre Amour, prens tes armes,
Vole en ce séjour,
Viens, triomphe à ton tour :
Ces aziles
Tranquilles
Sont faits pour aimer :
Ta victoire,
Ta gloire,
C'est de nous charmer.

On danse.

UNE DIVINITE'.

Par les foins bienfaifans de ce Dieu tutélaire,
Sans craintes, les Bergers conduifent leurs troupeaux :
Aftre nouveau qui nous éclaire,
Il étend fes faveurs fur les moindres hameaux.

LE CHOEUR répete. *Par les foins , &c.*

UNE DIVINITE'.

Tranquille, heureux, loin des allarmes,
Qu'il partage notre bonheur :
Puiffe-t'il gouter tous les charmes
Dont nous fait jouir fa valeur.

LE CHOEUR répete. *Tranquille, heureux, &c.*

UNE AUTRE DIVINITE'.

Tel qu'un arbre facré qui doit durer fans ceffe,
On verra fes rameaux s'élever dans les Cieux ;
Quand la vertu s'unit à la haute fageffe,
Elle produit les Heros & les Dieux.

On danfe.

LES DIVINITE'S

Reprennent le CHOEUR. *Qu'aux travaux , &c.*

FIN.

www.ingramcontent.com/pod-product-compliance
Lightning Source LLC
LaVergne TN
LVHW022014080426
835513LV00009B/716